BEI GRIN MACHT SICH IHR WISSEN BEZAHLT

AF136029

- Wir veröffentlichen Ihre Hausarbeit,
  Bachelor- und Masterarbeit

- Ihr eigenes eBook und Buch -
  weltweit in allen wichtigen Shops

- Verdienen Sie an jedem Verkauf

Jetzt bei www.GRIN.com hochladen und kostenlos publizieren

Bibliografische Information der Deutschen Nationalbibliothek:

Die Deutsche Bibliothek verzeichnet diese Publikation in der Deutschen National-
bibliografie; detaillierte bibliografische Daten sind im Internet über http://dnb.d-
nb.de/ abrufbar.

Impressum:

Copyright © 2019 GRIN Verlag
Druck und Bindung: Books on Demand GmbH, Norderstedt Germany
ISBN: 9783346100184

Dieses Buch bei GRIN:

https://www.grin.com/document/512870

Alexander Hölzl

Anwendung des kategorischen Imperativs

Anwendungspotenzial von Kants praktischer Philosophie

GRIN Verlag

GRIN - Your knowledge has value

Der GRIN Verlag publiziert seit 1998 wissenschaftliche Arbeiten von Studenten, Hochschullehrern und anderen Akademikern als eBook und gedrucktes Buch. Die Verlagswebsite www.grin.com ist die ideale Plattform zur Veröffentlichung von Hausarbeiten, Abschlussarbeiten, wissenschaftlichen Aufsätzen, Dissertationen und Fachbüchern.

Besuchen Sie uns im Internet:

http://www.grin.com/

http://www.facebook.com/grincom

http://www.twitter.com/grin_com

Anwendung des kategorischen Imperativs

Autor: Alexander Hölzl

Inhaltsverzeichnis

Anwendung des kategorischen Imperativs

1. Einleitung

Kants praktische Philosophie spielt derzeit nur eine untergeordnete Rolle in der „Angewandten Ethik". Dies ist wohl auch einem gängigen Vorurteil geschuldet: Der kategorische Imperativ als Moralprinzip sei nicht brauchbar zur „Lösung" konkreter Fälle, da dieser die „Feinstruktur moralischer Phänomene" (Pauer-Studer 2006, 83) und die konkrete Lebensrealität der Menschen außer acht lasse.

Nach Grimm unterscheidet sich die „Angewandte Ethik" von den traditionellen Ethiken durch folgende fünf „pragmatische Leitkonzepte": Umsetzbarkeit, Realisierbarkeit, Zumutbarkeit, Kontextsensitivität und wissenschaftliche Anschlussfähigkeit. In der angewandten Ethik gehe es nicht um die „Begründung, Reflexion oder Beschreibung moralischer Normen", sondern um die „ethische Begründung von Lösungsvorschlägen". (Grimm 2008, 326f.) Diese Lösungsvorschläge müssen sich „an den konkreten moralischen Problemstellungen orientieren, da diese bereits Vorgaben für die Begründung der Lösungsvorschläge" enthalten. Ohne Bezug zu den „kontextuellen Bedingungen" werde „man - wenn überhaupt - nur zufällig Probleme lösen". (Grimm 2008, 327)

Im Gegensatz zur kantianischen Ethik erfreuen sich utilitaristische Konzeptionen in der angewandten Ethik einer großen Beliebtheit. Das konsequenzialistische Prinzip der „Nutzenmaximierung" („das größte Glück der größten Zahl") kann schließlich die Erfordernisse nach Berechenbarkeit, Umsetzbarkeit, Kontextsensitivität und (natur)-wissenschaftlicher Anschlussfähigkeit am besten gewährleisten.

Das Ziel dieser Arbeit ist es nun, die gängigen Vorurteile in Bezug zur Anwendbarkeit des kategorischen Imperativs zu überwinden und das Anwendungspotenzial von Kants praktischer Philosophie aufzuzeigen. Zunächst (Kapitel 2) wird der kategorische Imperativ ausführlich behandelt und von hypothetischen Imperativen abgegrenzt. Danach wird anhand von Beispielen gezeigt, wie Kants Maximen-Prüfung (Kapitel 3) auf konkrete Fälle angewandt werden kann.

Im letzten Abschnitt (Kapitel 4) wird anhand von drei antiken Tugenden herausgearbeitet, wie das Ergebnis einer Maximen-Prüfung in konkreten Situationen schlussendlich auch *realisiert* werden kann.

2. Der kategorische Imperativ

Im Jahr 1763 hat Kant - also gut zwei Jahrzehnte vor der Formulierung seines „Kategorischen Imperativs" - in einer Preisschrift postuliert, dass die „ersten Gründe der Moral [...] nach ihrer gegenwärtigen Beschaffenheit noch nicht aller erforderlichen Evidenz fähig" sind. Es müsse eine Regel oder ein Grund der Verbindlichkeit gefunden werden, welche eine „Handlung als unmittelbar no[t]wendig und nicht unter der Bedingung eines gewissen Zwecks" gebietet. Handlungen, welche notwendig sind, um einen gewissen Zweck zu erreichen (z. B. Beförde- rung der Glückseligkeit), „sind alsdann nicht mehr Verbindlichkeiten, sondern etwa so, wie es eine Verbindlichkeit wäre, zwei Kreuzbogen zu machen, wenn ich eine gerade Linie in zwei gleiche [Teile] zerfällen will, d.i. es sind gar nicht Verbindlichkeiten, sondern nur Anweisun- gen eines geschickten Verhaltens, wenn man einen Zweck erreichen will." (Kant 1998, 770f.) Kant versuchte daraufhin dem Anspruch der Ethik nach Unbedingtheit, Allgemeinheit und Ge- setzmäßigkeit gerecht zu werden, indem er ein Moralprinzip begründete, welches Handlungen notwendigerweise und unbedingt vorschreibt („Du sollst X tun") (den Kategorischen Impera- tiv) und nicht bloß bedingt durch einen Zweck („Wenn du X willst, dann tu Y") (hypothetische Imperative). (Vgl. Hölzl 2019, 13ff.; Vgl. Pauer-Studer 2006, 36.) Hypothetische Imperative sind immer *bedingt* durch einen (materiellen) Zweck und sind deshalb *analytische Urteile*, da das Mittel (z. B. als Kaufmann wahrhaftig zu sein) bereits im Zweck (z. B. Nutzen- oder Lust- maximierung) enthalten ist. Kategorische Imperative sind im Gegensatz dazu *unbedingt*, da diese durch einen (rein formalen) Abstraktionsprozesses zustande kommen. Diese sind *synthe- tische Urteile*, da die Zwecke erst durch den Abstraktionsprozess hinzukommen. Hypotheti- sche Imperative sind letztlich nur praktische Handlungsanweisungen, „um ein gewünschtes Ziel zu erreichen" (Pauer-Studer 2006, 36). Ein kategorischer Imperativ wird „um seiner selbst willen" akzeptiert - z. B. da man sich „als Vernunftwesen qualifizieren" möchte (Zeidler 2016). Der kategorische Imperativ ist also ein notwendiges und apriorisches Sollen - abgegrenzt vom kontingenten und empirischen Sein. Dieser ist für alle vernünftigen Wesen geltend und abstra- hiert von Partikularinteressen (z. B. der Menschen):

„Jedermann muss eingestehen, dass ein Gesetz, wenn es moralisch, d. i. als Grund einer Verbindlichkeit, gelten soll, absolute Notwendigkeit bei sich führen müsse; dass das Gebot: du
sollst nicht lügen, nicht etwa bloß für Menschen gelte, andere vernünftige Wesen sich aber
daran nicht zu kehren hätten, und so alle übrige eigentliche Sittengesetze; dass mithin der Grund
der Verbindlichkeit hier nicht in der Natur des Menschen, oder den Umständen in der Welt,
darin er gesetzt ist, gesucht werden müsse, sondern a priori lediglich in Begriffen der reinen
Vernunft, und dass jede andere Vorschrift, die sich auf Prinzipien der bloßen Erfahrung grün-
det, und sogar eine in gewissem Betracht allgemeine Vorschrift, so fern sie sich dem mindesten
Teile, vielleicht nur einem Bewegungsgrunde nach auf empirische Gründe stützt, zwar eine
praktische Regel, niemals aber ein moralisches Gesetz heißen kann." (Kant 2008, 9f.)

Kant unterscheidet somit „praktische Regeln", deren Gründe der Verbindlichkeit in den Umständen der Welt liegen (hypothetische Imperative), und „moralische Gesetze", welche a-priori
aus dem Begriff der reinen Vernunft gewonnen werden (kategorische Imperative). Letztere
müssen den Anspruch nach Unbedingtheit, Allgemeinheit und Gesetzmäßigkeit erfüllen:

„Denn da der Imperativ außer dem Gesetze nur die Notwendigkeit der Maxime enthält, diesem
Gesetze gemäß zu sein, das Gesetz aber keine Bedingung enthält, auf die es eingeschränkt war,
so bleibt nichts als die Allgemeinheit eines Gesetztes überhaupt übrig, welchem die Maxime
der Handlung gemäß sein soll, und welche Gemäßheit allein der Imperativ eigentlich als notwendig vorstellt." (Kant 2008, 53)

Der Kategorische Imperativ fordert uns also auf, die Maximen unserer Handlungen zu prüfen,
ob diese die Anforderungen der drei Momente (Unbedingtheit, Allgemeinheit und Gesetzmäßigkeit) erfüllen:

„Der kategorische Imperativ ist also nur ein einziger und zwar dieser: handle nur nach derjenigen Maxime, durch die du zugleich wollen kannst, dass sie ein allgemeines Gesetz werde."
(Kant 2008, 53)

Kant formuliert noch drei weitere (gleichwertige) Fassungen des kategorischen Imperativs:

„[H]andle so, als ob die Maxime deiner Handlung durch deinen Willen zum allgemeinen Na-
turgesetz werden sollte." (Kant 2008, 54)

„Handle so, da[ss] du die Menschheit sowohl in deiner Person, als in der Person eines jeden
andern jederzeit zugleich als Zweck, niemals bloß als Mittel brauchst." (Kant 2008, 65)

„[Handle] nur so, da[ss] der Wille durch seine Maxime sich selbst zugleich als allgemein ge-
setzgebend betrachten könne." (Kant 2008, 71f.)

Im nächsten Abschnitt wird nun anhand von Beispielen gezeigt, wie diese Maximen-Prüfung auf konkrete Fälle angewandt werden kann.

3. Maximen-Prüfung

Kant unterscheidet „Maximen", deren Grundlagen in den Umständen der Welt liegen (vgl. hypothetische Imperative), und „allgemeine Gesetze", welche a-priori aus dem Begriff der reinen Vernunft gewonnen werden (vgl. kategorischer Imperativ). Für das Verständnis des Maximen-Begriffs ist es hilfreich, Kants Definitionen von „Maxime" und „allgemeines Gesetz" anhand von mehreren Textstellen gegenüberzustellen:

	„Maxime"	„Allgemeines Gesetz"
KpV 19 (Kant 2015, 722)	subjektive Grundsätze („wenn die Bedingung nur als für den Willen des Subjekts gültig von ihm angesehen wird")	objektive Gesetze („für den Willen jedes vernünftigen Wesens gültig")
GMS 420f. (Kant 2008, 53)	subjektives Prinzip („enthält die praktische Regel, die die Vernunft den Bedingungen des Subjects [sic!] gemäß (öfters der Unwissenheit oder auch den Neigungen desselben) bestimmt")	objektives Prinzip („gültig für jedes vernünftige Wesen"; „Grundsatz, nach dem es handeln soll, d. i. ein Imperativ.")
MdS 225	Eine „Regel des Handelnden, die er sich selbst aus subjectiven [sic!] Gründen zum Prinzip macht".	objektive Gründe
Reflexionen zur Metaphysik	„das, was man sich selbst allgemein zu thun [sic!] vorgesetzt hat."	das, was man tun soll

Eigene Darstellung. In Anlehnung an Thurnherr 1994, 32ff.

Maximen sind also subjektive Grundsätze des Handelnden, welche sich dieser im Laufe seinen Lebens teils bewusst (z. B. durch Selbstreflexion) und (groß-)teils unbewusst (z. B. Einfluss von Erziehung, Kultur, Zeitgeist) zum Prinzip gemacht hat. Im Gegensatz dazu sind „allgemeine" bzw. „moralische" Gesetze die „richtigen" und „objektiven" Gesetze, welche für jedes vernünftige Wesen gültig sind.

Eine vergleichbare Konzeption zum Begriff der Maxime lässt sich im psychotherapeutischen Bereich finden. In der Verhaltenstherapie spricht man von den „Grundannahmen" („basic beliefs") eines Menschen:

> „Grundannahmen sind psychologische Einstellungen und Wertorientierungen, die dazu dienen, sich über eine lange Zeit hin kohärent verhalten zu können." (Bonelli 2016)

Grundannahmen sind „für eine Person typische grundlegende Überzeugungen, Regeln, Werthaltungen und Pläne" - sozusagen die „Lebensphilosophie" eines Menschen (Hautzinger 2000, 142). Diese „Kognitionen" sind im Gegensatz zu den „automatischen Gedanken" abstrakter und „für viele Bereiche zutreffend (genereller), dominanter, schwerer zu beeinflussen (rigider) und [...] verhaltensbestimmender." Grundannahmen sind „nicht unmittelbar bewu[ss]t", können aber „erschlossen werden". (Hautzinger 2000, 142) Diese eben oftmals unhinterfragten Annahmen über das Leben und die Welt werden schließlich zu den Fundamenten der Handlungen. Eine Grundannahme könnte z. B. lauten (vgl. Bonelli 2016):

> „Materielle Sicherheit und Unabhängigkeit ist das Wichtigste im Leben."
>
> „Ich bin nur etwas wert, wenn ich etwas leiste."
>
> „Ehrlichkeit ist das Wichtigste im Leben."
>
> „Die Freiheit des einen endet dort, wo die Freiheit des anderen verletzt wird."
>
> „Die Firma ist meine Familie, ich brauche keine Kinder."
>
> „Die Familie ist das Wichtigste im Leben."
>
> „Man muss erst sich selbst lieben, bevor man jemand anderen lieben kann."

Auch Kant bringt einige Beispiele von Maximen:

> „[I]ch mache es mir aus Selbstliebe zum Prinzip, wenn das Leben bei seiner längern Frist mehr Übel droht, als es Annehmlichkeit verspricht, es mir abzukürzen" (Utilitaristische Maxime) (Kant 2008, 54)
>
> „[W]enn ich mich in Geldnot zu sein glaube, so will ich Geld borgen und versprechen es zu bezahlen, ob ich gleich weiß, es werde niemals geschehen." (Kant 2008, 55)
>
> „Das Ausleben des Hanges zur Ergötzlichkeit („Fortpflanzung, Müßiggang und Ergötzlichkeit") auf Kosten der Verwahrlosung der Naturgaben" (Hedonistische Maxime) (vgl. Kant 2008, 56)
>
> „Jeder ist sich seines Glückes Schmied" (Vgl. Kant 2008, 56f.)
>
> „[M]ich durch ein unwahres Versprechen aus [einer unangenehmen] Verlegenheit [...] ziehen" (Kant 2008, 28)
>
> „keine Beleidigung ungerächt [...] erdulden" (Kant 2015, 722)

„Ich habe z. B. es mir zur Maxime gemacht, mein Vermögen durch alle sichere Mittel zu ver-
größern" (Kant 2015, 734)

Letztendlich gibt es kein „Regelwerk", anhand dessen sich die zugrundeliegende Maxime einer
Handlung bestimmen lässt. Eine Maxime kann auch nicht an einer Handlung „abgelesen" werden. Schlussendlich ist jede (aufgedeckte) Maxime das Ergebnis einer im Vorfeld (!) einer
konkreten Situation oder Handlung durchgeführten *Selbstreflexion*. Vernunftbegabte Wesen
sind also beauftragt, die Gründe der eigenen Handlungen laufend zu hinterfragen (z. B. immer
tiefer danach zu fragen, „warum" ich so oder so handeln will) und sich somit die fundamentalen
subjektiven Grundsätze (Maxime) bewusst zu machen, welche den eigenen Handlungen zugrunde liegen. Diese bewusst gemachten Grundannahmen bzw. Maximen gilt es dann zu prüfen, ob diese die Anforderungen des kategorischen Imperativs erfüllen können:

Der kategorische Imperativ fordert uns schließlich auf zu prüfen, ob unsere subjektiven
Grundsätze und Grundannahmen über die Welt verallgemeinert werden können, so dass diese
die Anforderungen nach Allgemeinheit, Gesetzmäßigkeit und Unbedingtheit erfüllen. Der ka-
tegorisch Imperativ ist sozusagen nicht nur eine „ethische Prüfungen", sondern auch eine
Wahrheitsprüfung (z. B.: „Ist es wahr, dass man sich durch ein unwahres Versprechen aus einer
unangenehmen Affäre ziehen darf?"; „Ist es wahr, dass das Leben abzukürzen ist, wenn es bei
seiner längern Frist mehr Übel droht, als es Annehmlichkeit versprich?"; „Ist es wahr, dass
man nur etwas wert ist, wenn man etwas leistet?"). Schließlich ergibt sich nach den deontolo-
gischen Moralauffassungen die „Verpflichtung zu einem bestimmten Tun aus der Einsicht in
die Korrektheit des Prinzips [...], das der Handlung zugrunde liegt." (Pauer-Studer 2006, 35).
Wenn das Prinzip wahr ist, ist es also auch gut. Und wenn das Prinzip gut ist, ist es auch wahr.
(Selbst-)Erkenntnis bzw. Selbstdenken verbürgt die Unbedingtheit des moralischen Prinzips
und ist somit die Voraussetzung für moralisches Handeln.

Kant unterscheidet nun zwei Arten von Ergebnissen der Maximen-Prüfung:

Strenge und vollkommene Pflichten (Verbote), „bestimmte Handlungsweisen zu unterlas-
sen", ergeben sich daraus, wenn die „Verallgemeinerung einer Maxime denkunmöglich ist"
(Pauer-Studer 2006, 41), d. h. wenn die subjektiven Maximen nicht die Anforderungen nach
Allgemeinheit, Gesetzmäßigkeit und Unbedingtheit erfüllen können:

> „Einige Handlungen sind so beschaffen, dass ihre Maxime ohne Widerspruch nicht einmal als allgemeines Naturgesetz gedacht werden kann; weit gefehlt, dass man noch wollen könne, es sollte ein solches werden" (Kant 2008, 57)

Kant bringt das Beispiel eines lügenhaften Versprechens. Jemand will aus Not heraus Geld borgen, weiß aber bereits, dass er es nicht zurückzahlen wird können. Die Maxime einer derartigen Person könnte lauten: „wenn ich mich in Geldnot zu sein glaube, so will ich [aus Selbstliebe] Geld borgen und versprechen es zu bezahlen, ob ich gleich weiß, es werde niemals geschehen." (Kant 2008, 54f.) Diese Maxime (ein lügenhaftes Versprechens aus einer Not heraus) kann gar nicht als ein *allgemeines* und *unbedingtes Gesetz* gedacht werden, da „man die allgemeine Verbindlichkeit einer Norm behauptet [„ich verspreche dir etwas"] und gleichzeitig für sich selbst eine interessenmotivierte [...] Ausnahme von dieser Normgeltung einfordert" (Pauer-Studer 2006, 41):

> „[D]ie Allgemeinheit eines Gesetzes, dass jeder, nachdem er in Not zu sein glaubt, versprechen könne, was ihm einfällt, mit dem Vorsatz, es nicht zu halten, würde das Versprechen und den Zweck, den man damit haben mag, selbst unmöglich machen, indem niemand glauben würde, dass ihm was versprochen sei, sondern über alle solche Äußerung als eitles Vorgeben lachen würde." (Kant 2008, 55)

Die *Bedingung*, dass diese Maxime („lügenhaftes Versprechen") überhaupt ausgeführt werden kann, liegt eben darin, dass ein Versprechen *bedingungslos* gelten muss und keine Ausnahmen (z. B. zugunsten persönlicher Umstände) gestattet werden können. Ansonsten hätte dann das Wort „Versprechen" „im moralischen Sprachspiel keinen erkennbaren Sinn mehr" (vgl. „performativer Widerspruch") (Pfeifer 2009, 37).

Im Unterschied zu diesen strengen und vollkommenen Pflichten (Verbote) ergeben sich **weniger strenge** und **unvollkommene Pflichten** (Gebote) daraus, dass eine Maxime zwar die Anforderungen nach Allgemeinheit, Gesetzmäßigkeit und Unbedingtheit erfüllen kann (also denkmöglich ist), aber bei denen ein vernünftiger Wille nicht wollen kann, da[ss] die Maxime zu einem unbedingten und allgemeinen Gesetz erhoben werde, „weil ein solcher Wille sich selbst widersprechen würde" (Kant 2008, 57). Als Beispiel nennt Kant das Gebot, seine Talente zu verwirklichen: Man solle sich einen Menschen vorstellen, der ein Talent in sich findet, „welches vermittelst einiger Kultur ihn zu einem in allerlei Absicht brauchbaren Menschen machen könnte" (Kant 2008, 55). Dieser ziehe es aber lieber vor, sich den Vergnügungen nachzugeben als sich um Erweiterung seiner glücklichen Anlagen zu bemühen. Die (hedonistische) Maxime dieses Menschen lautet: Das Ausleben des Hanges zur Ergötzlichkeit („Fortpflanzung, Müßiggang und Ergötzlichkeit") auf Kosten der Verwahrlosung der Naturgaben. Auch wenn diese hedonistische Maxime durchaus verallgemeinerbar gedacht werden könne, könne man als vernünftiger Wille unmöglich wollen, dass dies ein allgemeines und unbedingtes Gesetz wäre. Schließlich will man als ein vernunftbegabtes Wesen bzw. als ein vernünftiger Wille notwendigerweise, dass alle Vermögen in einem entwickelt werden und nicht nur die Triebe, Begierden und Leidenschaften. Der vernünftige Wille würde sich ansonsten selbst abschaffen, wenn dieser zugunsten des „Hanges zur Ergötzlichkeit" seinen vernunftbegabten Teil verwahrlosen würde. Und dies kann ein vernünftiger Wille nicht wollen.

Als zweites Beispiel nennt Kant das Gebot zur Wohltätigkeit: Man solle sich eine wohlhabende Person vorstellen, welche sieht, dass andere mit Mühseligkeiten zu kämpfen haben, denen er auch helfen könnte. Er hat aber nicht Lust zu helfen:

> „[W]as geht's mich an? mag doch ein jeder so glücklich sein, als es der Himmel will oder er sich selbst machen kann, ich werde ihm nichts entziehen, ja nicht einmal beneiden; nur zu seinem Wohlbefinden oder seinem Beistande in der Not habe ich nicht Lust etwas beizutragen!" (Kant 2008, 56f.)

Die subjektive Maxime dieses Menschen könnte z. B. lauten: „Jeder ist sich seines Glückes Schmied." Auch diese Maxime könne zwar als allgemeines und unbedingtes Gesetz bestehen, es kann ab er unmöglich gewollt werden:

> „Denn ein Wille, der dieses beschlösse, würde sich selbst widerstreiten, indem der Fälle sich doch manche ereignen können, wo er anderer Liebe und Teilnehmung bedarf, und wo er [...] sich selbst alle Hoffnung des Beistandes, den er sich wünscht, rauben würde." (Kant 2008, 56f.)

Man kann also nicht wollen, dass diese Maxime als allgemeines (Natur-)Gesetz bestehe, da ein vernünftiger Wille doch auch wollen würde, dass man ihm hilft, wenn dieser arm und krank ist. Ein derartiger Wille kann also nicht anderen diesen Anspruch verwehren, wenn dieser in auch selbst wollen würde in der gleichen Situation.

Zusammenfassend können sich aus dem Ergebnis der Maximen Prüfung die folgenden zwei Pflichten ergeben:

	Strenge Pflichten (Verbote)	Weniger strenge Pflichten (Gebote)
Ergebnis der Maximen-Prüfung	Maxime erfüllt nicht die Anforderungen nach Allgemeinheit, Gesetzmäßigkeit und Unbedingtheit (denkunmöglich).	Maxime erfüllt die Anforderungen an ein allgemeines und unbedingtes Gesetz. Ein vernünftiger Wille kann dies aber nicht wollen, da ein solcher Wille sich selbst widersprechen würde.
Kants Beschreibung	„Vollkommene", „unnachlässliche", „engere" und „strenge" Pflichten	„Unvollkommene", „verdienstliche", „weitere" und „weniger strenge" Pflichten
Ausnahmen gestattet?	Keine Ausnahmen zum Vorteil der Neigung gestattet	Ausnahmen von der Regel werden zugunsten der Neigung zugestanden
Beispiele	• Suizidverbot • Verbot des lügenhaften Versprechens	• Gebot, Talente zu verwirklichen • Gebot, notleidenden Menschen zu helfen

Eigene Darstellung. In Anlehnung an Kant 2008, 54-58.

Kants Unterscheidung zwischen „strengen" und „weniger strengen" Pflichten relativiert den oftmals geäußerten Rigorismus-Vorwurf. Gemäß dieser Unterscheidung gibt es also nicht nur bedingungslose Verbote, sondern auch bloße Ideale (Gebote), welche einem vernunftbegabten Wesen Orientierung und Richtung geben. Diese verdienstlichen Pflichten (z. B. Talente verwirklichen) lassen auch Räume für Abweichungen und Fehler - z. B. zugunsten der Neigungen - zu, während dies bei den strengen Pflichten nicht zugestanden werden kann.

Im letzten Abschnitt soll mit Hilfe von drei antiken Tugenden dargestellt werden, wie das Ergebnis der Maximen-Prüfung in konkreten Situationen *realisiert* werden kann.

4. Anwendung auf konkrete Situationen

„Es ist überall nichts in der Welt, ja überhaupt auch außer derselben zu denken möglich, was ohne Einschränkung für gut könnte gehalten werden, als allein ein guter Wille." (Kant 2008, 15)

Eine gängige Kritik an Kants Maximen-Prüfung ist, dass in einem konkreten Fall eine Handlung zwar „gut gemeint" sein könne, aber tatsächlich oftmals das Gegenteil von „gut" sei, wenn die besonderen Eigenschaften der Situationen und der Personen nicht miteinbezogen werden. Zunächst wird festgehalten, dass der bereits in der Einleitung skizzierte Anspruch der „Angewandten Ethik", Methoden zur „Lösung" von konkreten Situationen und (Einzel-)Fällen entwickeln zu wollen, im Vorhinein enttäuscht werden müsse. Letztendlich müsse „das konkrete Tun und Lassen dem Handelnden überantwortet bleiben" (Höffe 2008, 76). Schließlich wird das Moment der Unbedingtheit des moralischen Gesetzes („das moralische Gesetz in mir") durch das „Selbstdenken" verbürgt (vgl. Zeidler 2016). Nichtsdestotrotz kann die Tugendethik Werkzeuge bereitstellen, die es den Akteuren erleichtern können, die auf dem „guten Willen" basierende kantianische Ethik auch in der Wirklichkeit zu realisieren. Diesem Anspruch soll nun in diesem Kapitel gerecht werden, indem dazu die folgenden drei antiken Tugenden herangezogen werden:

- Tugend der Weisheit
- Tugend der Klugheit
- Tugend der Tapferkeit

Eine Tugend kann als die „motivationale Schnittstelle zwischen Prinzipien und Handlungen [sowie] zwischen dem Erkennen des Rechten und der Bereitschaft, in Übereinstimmung mit diesen Prinzipien zu handeln" angesehen werden (Pauer-Studer 2006, 83f.). Nach Aristoteles ist eine Tugend eine Haltung oder eine Einstellung, welche man gegenüber den Leidenschaften einnimmt. Tugenden sind *erwerbbar* durch das regelmäßige (und oftmals mühsame) Einüben einer Handlung. Weisheit, Klugheit und Tapferkeit sind also kein Schicksal, sondern können eingeübt werden.

Um die unterschiedlichen Rollen der drei Tugenden präzise bestimmten zu können, ist es hilfreich, folgende 3 Momente des „moralischen Handelns" zu unterscheiden:

3 Momente	Beschreibung	Zuständigkeiten
1. Präskriptives Moment	das moralisch Gute	Moralphilosophie
2. Deskriptives Moment	allgemeine Anwendungsbedingungen, „unter denen das moralisch Gute gefragt ist"	Allgemeinmenschliche Erfahrung, Philosophie
3. Handeln in seiner individuellen Konkretion	Einschätzung einer konkreten Situation	Urteilskraft einer jeden vernunftbegabten Person

(Vgl. Höffe 2008, 76)

Höffe unterscheidet also zwischen dem moralischen Guten einerseits und der Urteilskraft einer bestimmten vernunftbegabten Person andererseits:

> „[...] [B]eim moralischen Handeln [sucht] die Urteilskraft nur unter Voraussetzung einer moralischen Grundeinstellung, der ethischen Tugend, eine moralische Lösung. Die Philosophie kann nun diese moralische Voraussetzungen klären, aber nicht zu ihr erziehen" (Höffe 2008, 76)

Die „Urteilskraft" selbst ist also zunächst weder moralisch noch unmoralisch, d. h. diese kann sowohl in den Dienst des Bösen als auch des Guten gestellt werden. Zusätzlich erforderlich ist deshalb eine moralische Grundeinstellung:

Die **Tugend der Weisheit** (sophia) hat also die entscheidende Aufgabe, das Wahre und Gute zu bestimmen (vgl. Hübner 2018, 108f.). Diese moralische Reflexion (Maximen-Prüfung) hat dabei immer im Vorhinein („ante res") zu erfolgen. In einer konkreten Situation führt dann die Urteilskraft (meist) nur noch aus, was bereits zuvor als „moralisch gut" geprüft bzw. erkannt wurde. Die meisten moralisch relevanten Situationen erlauben es nicht, erst dann seine Maximen bewusst zu machen, zu reflektieren und zu prüfen. Schließlich müssen oftmals innerhalb von nur Bruchteilen einer Sekunde Entscheidungen getroffen werden.

Im Gegensatz zur Tugend der Weisheit, welche *im Vorhinein* die oftmals unbewussten Grundannahmen und Maximen auf deren Universalisierbarkeit prüft, ist es die Aufgabe der **Tugend der Klugheit**, *eine konkrete Situation* zu beurteilen. Die Tugend der Klugheit (phronésis) („sittliche Einsicht"; „moralische Urteilskraft") ist nach Aristoteles eine „ethische Fundamentaltugend". Diese ist die „Fähigkeit zum Erfassen des zu Tuenden und zum entsprechenden

Handeln". Die Tugend der Klugheit hat die Aufgabe „in einer gegebenen Situation das richtige Handeln [...] zu bestimmen". Nach Aristoteles ist dies die „Quelle der Moralität: Sie ist die spezielle Verstandestugend des denkend-vernünftigen Seelenvermögens, welche das richtige Handeln in sämtlichen Lebensbereichen bestimmt; [...]" (Hübner 2018, 121ff.)

Die Tugend der Klugheit transformiert die unveränderlichen Prinzipien in die veränderliche Welt. Das Gute müsse allerdings schon vor einer Entscheidungssituation als richtig erkannt werden (Tugend der Weisheit). Ein vernunftbegabtes Wesen ist eben angewiesen, schon vor einer Situation („ante res") zu entscheiden, wie es handeln will. Die Klugheit transformiert den „guten Willen" in die Wirklichkeit. In einer moralischen (Not-)Situation gilt es, kurz innezuhalten, sich Überblick zu verschaffen („Stehe still und sammle dich") und zu erkennen, was nun das *Gebot der Stunde* ist.

Zu guter Letzt ist es die Aufgabe der **Tugend der Tapferkeit** (andreia), standhaft den Weisungen der Vernunft auch entgegen den Widerständen der Leidenschaften (z. B. Ängste, Begierden) („aus Pflicht") zu folgen (vgl. Hübner 2018, 123). Nach Kant hat eine Handlung (z. B. Wohltätigkeit) schließlich erst dann einen moralischen Wert, wenn diese nicht aus Neigung heraus, „sondern aus Pflicht" (Kant 2008, 20) vollzogen wird:

> „Gesetzt also, das Gemüt jenes Menschenfreundes wäre vom eigenen Gram umwölkt, der alle Teilnehmung an anderer Schicksal auslöscht, er hätte immer noch Vermögen, andern Notleidenden wohlzutun, aber fremde Not rührte ihn nicht, weil er mit seiner eigenen genug beschäftigt ist, und nun, da keine Neigung ihn mehr dazu anreizt, risse er sich doch aus dieser tödlichen Unempfindlichkeit heraus und täte die Handlung ohne alle Neigung, lediglich aus Pflicht, alsdann hat sie allererst ihren echten moralischen Wert." (Kant 2008, 22)

Wahrhaftig zu sein, weil man Lust daran empfindet oder einen persönlichen Nutzen daraus zieht, hat also nach Kant keinen moralischen Wert. Erst dann, wenn man z. B. aus Angst heraus unehrlich sein möchte und dennoch *aus Pflicht* heraus wahrhaftig ist, erst dann hat die Handlung einen echten sittlichen Wert. Der ultimative Moralitätstest sei es schließlich, wenn eine Person bereits *aus Neigung den Tod wünscht*, aber trotzdem *aus Pflicht* am Leben bleibt:

> „Dagegen sein Leben zu erhalten, ist Pflicht, und überdem hat jedermann dazu noch eine unmittelbare Neigung. Aber um deswillen hat die oft ängstliche Sorgfalt, die der größte Teil der Menschen dafür trägt, doch keinen innern Wert und die Maxime darselben keinen moralischen Gehalt. Sie bewahren ihr Leben zwar pflichtmäßig, aber nicht aus Pflicht. Dagegen, wenn

Widerwärtigkeiten und hoffnungsloser Gram den Geschmack am Leben gänzlich weggenom-
men haben; wenn der Unglückliche, stark an Seele, über sein Schicksal mehr entrüstet als klein-
mütig oder niedergeschlagen, den Tod wünscht und sein Leben doch erhält, ohne es zu lieben,
nicht aus Neigung oder Furcht, sondern aus Pflicht: alsdann hat seine Maxime einen moralischen Gehalt." (Kant 2008, 21)

Das Einüben der Tugend der Tapferkeit (andreia) hilft, standhaft „aus Pflicht" den „Vorgaben
der Vernunft" zu folgen und „deren Weisungen gegen den Widerstand der Begierden" auf-
rechtzuerhalten (vgl. Hübner 2018, 109).

5. Zusammenfassung

Die Arbeit zeigte eine Möglichkeit auf, das gängige Vorurteil in Bezug zu Kants Ethik, dass
der kategorische Imperativ zu unsensibel sei für die konkrete (Lebens-)Situationen eines Handelnden, zu überwinden, indem dessen Maximen-Prüfung anhand von drei antiken Tugenden
erweitert wird:

	Aufgabe (vgl. Zeidler 2016, 25f.)	Aufforderung	Maximen des gesunden Menschenverstandes (Kant 1963, 214f.)
Tugend der Weisheit	Formuliert im Vorhinein die Regel, indem sie die Fälle ihrer Anwendung antizipiert (Induktion).	„Handle nur nach derjenigen Maximen, durch die du zugleich wollen kannst, dass sie ein allgemeines Gesetz werde" (*Was sind die überzeitlichen Verbote und Gebote?*)	an der Stelle eines jeden anderen Denken (erweiterte Denkungsart)
Tugend der Klugheit	Exemplifiziert die Regel, indem sie in einer Situation etwas als Fall der Regel identifiziert (Abduktion)	„Stehe still, sammle dich und beurteile die Situation." (*Was ist nun das Gebot der Stunde?*)	Selbstdenken (vorurteilsfreie Denkungsart)
Tugend der Tapferkeit	Exekutiert die Regel, indem sie einen Fall unter die Regel subsumiert (Deduktion).	„Befolge konsequent und standhaft die Regeln (aus Pflicht)." (*Folge ich den angenehmen Neigungen oder der Vernunft/Pflicht?*)	mit sich selbst in Übereinstimmung denken (konsequente Denkungsart)

Die Tugend der Weisheit prüft *im Vorhinein* („ante res") die oftmals unbewussten Grundannahmen und Maximen auf deren Universalisierbarkeit („Handle nur nach derjenigen Maximen, durch die du zugleich wollen kannst, das sie ein allgemeines Gesetz werde"). Die Tugend der Klugheit identifiziert *in einer konkreten Situation* („in rebus") etwas als Fall der Regel, indem der Handelnde gedanklich kurz aus der Situation heraustritt („Stehe still und sammle dich!"), um diese vorurteilsfrei zu beurteilen. Die Tugend der Tapferkeit führt schließlich *in der konkreten Situation* („post rem") standhaft die zuvor als richtig erkannten moralischen Regeln aus („Befolge konsequent und standhaft die Regeln!")

Die Tugenden der Klugheit, Weisheit und Tapferkeit können dem Menschen als „phänomenales Noumenon" (Kant), „endliche Unendlichkeit" (Nikolaus von Kues) oder „endliche Vernunft" (Zeidler) helfen, das Unendliche in ihm („das moralische Gesetz in mir") auf der veränderlichen Welt bestmöglich zu realisieren.

Literaturverzeichnis

Bonelli, Raphael M. (2016): *Selber schuld!: Ein Wegweiser aus seelischen Sackgassen.* E-Book: Pattloch Verlag.

Grimm, Herwig (2008): *Pragmatische Leitkonzepte - Kriterien der Begründung angemessener Lösungsvorschläge in der angewandten Ethik,* in: Zichy, Michael/Grimm, Herwig (Hrsg.): Praxis in der Ethik. Zur Methodenreflexion in der anwendungsorientierten Moralphilosophie. Berlin/New York: Walter de Gruyter Verlag.

Hautzinger, Martin (2000): *Kognitive Verfahren,* in: Batra, Anil/Wassmann, Reinhard/Buchkremer, Gerhard (Herausgeber): *Verhaltenstherapie. Grundlagen - Methoden - Anwendungsbereiche.* Stuttgart/New York: Georg Thieme Verlag.

Höffe, Otfried (2008): *Lebenskunst und Maximenethik. Zwei Modelle philosophischer Orientierung,* in: Zichy, Michael/Grimm, Herwig (Hrsg.): Praxis in der Ethik. Zur Methodenreflexion in der anwendungsorientierten Moralphilosophie. Berlin/New York: Walter de Gruyter Verlag.

Hölzl, Alexander (2019): *Ethik des Suizids. Kann ein Suizid autonom gewollt werden?* GRIN Verlag.

Hübner, Dietmar (2018): *Einführung in die philosophische Ethik.* Göttingen: Vandenhoeck & Ruprecht Verlag.

Kant, Immanuel (1963): *Kritk der Urteilskraft.* Hrsg. v. Gerhard Lehmann, in: Lehmann, Gerhard (Hrsg.): Immanuel Kant. Werkausgabe. Ditzingen: Reclam Verlag.

Kant, Immanuel (1998): *Vorkritische Schriften bis 1768.* Hrsg. v. Wilhelm Weischedel. 5. Auflage, in: Weischedel, Wilhelm (Hrsg.): Immanuel Kant. Werkausgabe. Band 1. Darmstadt: Wissenschaftliche Buchgesellschaft.

Kant, Immanuel (2008): *Grundlegung zur Metaphysik der Sitten.* Hrsg. v. Theodor Valentiner, in: Valentiner, Theodor (Hrsg.): Immanuel Kant. Werkausgabe. Ditzingen: Reclam Verlag.

Kant, Immanuel (2015): *Kritik der praktischen Vernunft.* Werkausgabe. Köln: Anaconda Verlag.

Pauer-Studer, Herlinde (2006): *Einführung in die Ethik.* 2. überarb. Aufl. Wien: UTB Verlag.

Pfeifer, Volker (2009): *Ethisch argumentieren. Eine Anleitung anhand von aktuellen Fallanalysen.* Braunschweig/Paderborn/Darmstadt: Schöningh Verlag.

Thurnherr, Urs (1994): *Die Ästhetik der Existenz. Über den Begriff der Maxime und die Bildung von Maximen bei Kant.* Tübingen/Basel: Francke Verlag.

Zeidler, Kurt Walter (2016): *Grundlegungen. Zur Theorie der Vernunft und Letztbegründung.* Wien: Ferstl & Perz Verlag.

Zichy, Michael/Grimm, Herwig (2008): *Praxis in der Ethik: Zur Einführung*, in: Zichy, Michael/Grimm, Herwig (Hrsg.): Praxis in der Ethik. Zur Methodenreflexion in der anwendungsorientierten Moralphilosophie. Berlin/New York: Walter de Gruyter Verlag.

BEI GRIN MACHT SICH IHR WISSEN BEZAHLT

- Wir veröffentlichen Ihre Hausarbeit,
  Bachelor- und Masterarbeit

- Ihr eigenes eBook und Buch -
  weltweit in allen wichtigen Shops

- Verdienen Sie an jedem Verkauf

Jetzt bei www.GRIN.com hochladen
und kostenlos publizieren